Paramahansa Jógánanda
(1893 - 1952)

JAK MŮŽETE MLUVIT

BOHEM

PARAMAHANSA JÓGÁNANDA

O KNIZE: Kniha *Jak můžete mluvit s Bohem* je sestavena ze dvou projevů Paramahansy Jógánandy roku 1944 v chrámech Self-Realization Fellowship, které založil v San Diegu a Hollywoodu, kde měl ve zvyku o nedělích střídavě kázat. Často určité téma svého projevu v jednom chrámu použil následující týden v chrámu druhém, ale pojal ho z jiných aspektů než v předchozím týdnu. Jeho projevy byly během let stenograficky zaznamenávány jedním z jeho nejranějších a nejbližších žáků Šrí Dayou Matou. Kniha *Jak můžete mluvit s Bohem* byla poprvé vydána roku 1957 a byla přeložena do mnoha jazyků.

Anglický originál vydalo
Self-Realization Fellowship, Los Angeles (California):
How You Can Talk With God

ISBN: 978-0-87612-160-3

Překlad do češtiny: Self-Realization Fellowship

Copyright © 2023 Self-Realization Fellowship

Všechna práva vyhrazena. Žádná část *Jak můžete mluvit s Bohem (How You Can Talk With God)*, s výjimkou krátkých citací v knižních recenzích a jiných případů v souladu s platnými zákony, nesmí být kopírována, uložena, šířena či uváděna v jakékoli podobě či jakýmkoli způsobem (elektronicky, mechanicky či jinak) nyní známým či v budoucnu vynalezeným – včetně pořizování fotokopií, nahrávání či jakéhokoli jiného způsobu ukládání a opětovného získávání informací – bez předchozího písemného souhlasu Self-Realization Fellowship, 3880 San Rafael Avenue, Los Angeles, California 90065-3219, U.S.A.

 Schváleno Radou pro mezinárodní publikace
Self-Realization Fellowship

Název a logo *Self-Realization Fellowship* (viz výše) jsou uvedeny na všech knihách, nahrávkách a dalších publikacích SRF a jsou pro čtenáře zárukou toho, že příslušný materiál vznikl v této společnosti založené Paramahansou Jógánandou a věrně předává jeho učení.

První vydání v češtině, 2023
First edition in Czech, 2023
Tento výtisk 2023
This printing 2023

ISBN: 978-1-68568-111-1

1144-J07767

Sláva Boha je ohromná. Bůh je skutečný a je možné Jej najít… Jak jdete po stezce života, tiše a jistě musíte dospět k uvědomění, že Bůh je jediný záměr, jediný cíl, který vás uspokojí, protože v Bohu leží odpověď na každou touhu srdce.

—Paramahansa Jógánanda

JAK MŮŽETE MLUVIT
BOHEM

Úryvky z přednášek Paramahansy Jógánandy
19. března a 26. března 1944

Rozhovor s Bohem je nespornou skutečností. Byl jsem v Indii v přítomnosti svatých, když hovořili s Nebeským Otcem. A vy všichni s Ním také můžete komunikovat ne pouhou jednostrannou konverzací, ale opravdovým rozhovorem, ve kterém vy mluvíte k Bohu a On vám odpovídá. Samozřejmě každý může mluvit k Bohu, ale dnes debatuji o tom, jak Jej můžeme přesvědčit, aby nám odpověděl.

Proč bychom měli pochybovat? Posvátná písma světa překypují popisy hovorů mezi Bohem a člověkem. Jeden z nejkrásnějších z nich je zaznamenán v První Královské 3: 5-13 v Bibli: „Ukázal se pak Hospodin

Šalomounovi ve snách noci té, a řekl Bůh: Žádej začkoli, a dám tobě. A Šalamoun odpověděl: Dejž tedy služebníku svému srdce rozumné. A řekl jemu Bůh: Proto že jsi žádal věci takové, a neprosils sobě za dlouhý věk, aniž jsi žádal sobě bohatství, aniž jsi žádal bezživotí nepřátel svých, ale žádal jsi sobě rozumnosti, abys slýchati uměl rozepře; Aj, učinil jsem vedlé řeči tvé, aj, dalť jsem srdce moudré a rozumné… K tomu i to, začež jsi nežádal, dal jsem tobě, totiž bohatství a slávu."

Hovor s Pánem vedl mnohokrát také David a dokonce s Ním probíral i obyčejné záležitosti. „David se doptával Boha: Mám proti Pelištějcům vytáhnout? Vydáš mi je do rukou? A Pán mu odpověděl: Vytáhni, vydám ti je do rukou."[1]

---

[1] První Paralipomenon 14:10

Boha přiměje jen láska

Běžný člověk se k Bohu modlí jen svou myslí, ne se zápalem svého srdce. Takové modlitby jsou příliš slabé, aby mohly přinést nějakou odpověď. Měli bychom hovořit k Božímu Duchu s důvěrou a s pocitem blízkosti jako k otci nebo matce. Náš vztah s Bohem by měl být vztahem nepodmíněné lásky. Více než v jakémkoli jiném vztahu můžeme oprávněně a přirozeně žádat odpověď Ducha v Jeho aspektu Božské Matky. Bůh je nucen na takovou prosbu odpovědět, protože podstatou mateřství je láska a odpuštění svému dítěti, bez ohledu na to, jak velkým hříšníkem dítě může být. Vztah matky a dítěte je nejkrásnější formou lidské lásky, jež nám Pán dal.

K tomu, aby dotyčný dostal jasnou odpověď, je nutná určitá představa o Bohu (například jako Božské Matky). Žádost o odpověď Boha by měla být naléhavá. Modlitba, které věříme jen z poloviny, není dostačující. Pokud se rozhodnete, že: „Bůh se mnou mluvit bude," pokud odmítnete své pochyby, bez ohledu na to, kolik roků vám neodpovídal, pokud mu nepřestanete důvěřovat, jednoho dne vám odpoví.

V Autobiografii jogína jsem popsal několik z mnoha příležitostí, při nichž jsem s Bohem mluvil. Poprvé jsem uslyšel Boží Hlas, když jsem byl ještě malé dítě. Jednou ráno jsem seděl na posteli a upadl do hlubokého rozjímání.

„Co se skrývá za tmou zavřených očí?" Tato zvídavá myšlenka silně zaujala moji mysl.

Najednou se mému vnitřnímu zraku ukázal obrovský záblesk světla. Božské tvary svatých, sedících při meditaci v horských jeskyních, vytvářely miniaturní obrázky filmu na velkém promítacím plátně záře uvnitř mého čela.

„Kdo jste?" zeptal jsem se nahlas.

„Jsme himálajští jogíni." Nebeskou odpověď je složité popsat. Mé srdce bylo rozechvělé. Vize zmizela, ale stříbrné paprsky světla se rozpínaly v rozšiřujících se kruzích do nekonečnosti.

Zeptal jsem se: „Co je to za nádhernou záři?"

„Jsem Íšvara (Pán). Jsem světlo." Hlas byl jako šumějící mraky.

Moje matka a nejstarší sestra Roma byly poblíž, když jsem měl tuto ranou zkušenost, a Boží Hlas slyšely také. Z odpovědi

Boha jsem byl tak šťastný, že jsem se rozhodl Ho hledat, abych s Ním mohl splynout.

Většina lidí si myslí, že za zavřenýma očima je pouze tma. Ale pokud se budete duchovně rozvíjet a koncentrujete se na „třetí" oko v čele, zjistíte, že se váš vnitřní zrak otevřel. Spatříte jiný svět z mnoha světel a krásy. Objeví se před vámi vize svatých, jako byli himálajští jogíni, které jsem viděl já. Pokud se soustředíte ještě hlouběji, uslyšíte také hlas Boha.

Znova a znova nám Písmo Svaté říká o Pánových slibech, že s námi bude komunikovat. „Budete Mě hledat a naleznete Mě, když se budete dotazovat celým svým srdcem." - Jeremiáš 29:13. „Pán bude s vámi, když vy budete s Ním. Budete-li se dotazovat na Jeho slovo, dá se vám nalézt. Jestliže Jej opustíte, opustí vás." - 2. Letopisů 15:2. „Hle, stojím přede dveřmi a tluču; zaslechne-li kdo můj hlas a otevře mi, vejdu k němu a budu s ním večeřet a on se mnou." - Zjevení 3:20.

Pokud budete moci s Pánem byť jen jednou „lámat chléb", prolomit jeho mlčení, bude s vámi často mluvit. Ale je to zpočátku velmi obtížné. Není jednoduché se s Bohem seznámit. Chce si být jistý, že Jej opravdu toužíte znát. Zkouší vás, aby věděl, zda chcete Jeho nebo něco jiného. Nebude s vámi mluvit, dokud Jej nepřesvědčíte, že se ve vašem srdci neskrývá žádná jiná touha. Proč by se vám měl zjevovat, když by bylo vaše srdce naplněné pouze touhou po Jeho darech?

Láska člověka je jeho jediný dar Bohu

Celé stvoření bylo navrhnuto jako zkouška člověka. Svým chováním v tomto světě prozrazujeme, zda chceme Boha nebo Jeho dary. Bůh vám nebude říkat, že byste si měli přát Jeho před vším ostatním, protože chce, abyste svoji lásku darovali svobodně, bez „pobízení". To je celé tajemství, obsažené ve hře tohoto vesmíru. Ten, jenž nás stvořil, touží po naší lásce. Chce, abychom ji darovali spontánně, aniž by nás o ni žádal. Naše láska je jediná věc, kterou Bůh nevlastní, pokud se ji my nerozhodneme věnovat. Vidíte, i Bůh má nějaký cíl, získat naši lásku. A nikdy nebudeme šťastní, dokud Mu ji nedáme. Padáme do mnoha propastí utrpení tak dlouho, než nám dojde, že se chováme jako vzdorné děti, pygmejové, plazící se po zemské kouli a volající po Jeho darech, zatímco Jej, Dárce ignorujeme.

Protože je Bůh Podstatou našeho vlastního bytí, dokud se v sobě nenaučíme projevovat Jeho přítomnost, nemůžeme sami sebe opravdově vyjádřit. Taková je skutečnost. Nejsme schopni nalézt trvalé uspokojení v ničem materiálním, protože jsme Božští, Jeho součástí. „Marná tvá skrýš, jež neskryje mě."[2] Dokud nezískáte spokojenost v Bohu, nezískáte spokojenost z ničeho jiného.

---

[2] Ohař nebeský, Francis Thompson

Je Bůh osobní, nebo neosobní?

Je Bůh osobní, nebo neosobní? Malá diskuze na toto téma vám pomůže ve vašich pokusech s Ním komunikovat. Mnoho lidí o Bohu nerado přemýšlí ve smyslu osoby. Cítí, že antropomorfní pojetí je omezující. Považují Jej za Neosobního Ducha, Všemohoucí, Inteligentní Sílu zodpovědnou za vesmír.

Ale pokud by byl Stvořitel neosobní, jak to, že stvořil lidské bytosti? My jsme osobní, máme svou individualitu. Myslíme, cítíme, máme vůli a Bůh nám dal sílu myšlenky a pocity druhých nejen ocenit, ale také na ně reagovat. Pán zcela jistě nepostrádá ducha vzájemnosti, který oživuje Jeho vlastní stvoření. Náš Nebeský Otec může a vybuduje osobní vztah s každým z nás, pokud to dovolíme.

Když zvážíme neosobní stránku Boha, získáme podobu Vzdálené Bytosti, jež pouze obdrží myšlenky modliteb, které posíláme, ale neodpovídá na ně. Bytosti, která všechno ví, ale zachovává bezcitné mlčení. To je ale filosofický omyl, protože Bůh je všechno: osobní i neosobní. Stvořil lidi, lidské bytosti. Jejich Původce nemůže být zcela neosobní.

Myšlenka, že Bůh může nabýt lidské podoby a přijít a mluvit s námi, uspokojuje hlubokou potřebu v našich srdcích. Proč to nedělá pro každého? Mnoho svatých slyšelo hlas Boha. Proč nemůžete vy? "Tys, ó Pane, neviditelný, neosobní, neznámý a nepoznatelný, přesto však věřím, že mrazem mé oddanosti můžeš být 'zmrazen' do podoby." Bůh může být vaším pevným odhodláním přesvědčen vzít na sebe podobu osoby. Pokud se dostatečně hluboce modlíte, i vy, stejně jako svatý František z Assisi nebo jiní významní lidé, můžete vidět živoucí tělo Krista. Ježíš byl osobním vyjádřením Boha. Ten, kdo zná Brahmu (Boha), je Brahma sám. Neřekl Ježíš: „Já a můj Otec jsme jedno?"[3] Svámí Šankara také tvrdil: „Jsem Duch" a „To jsi Ty". Máme vyjádření mnoha velkých proroků, že všichni lidé jsou stvořeni k Božímu obrazu.

Mnoho ze svých vědomostí získávám spíše od Boha než z knih. Čtu zřídka. Říkám vám, co jsem vnímal přímo. Proto mluvím s autoritou, s autoritou svého přímého vnímání Pravdy. Může proti tomu stát názor celého světa, ale autorita přímého vnímání bude nakonec vždy přijata.

---

[3] Jan 10:30

Význam „Božího Obrazu"

V Bibli čteme: „Člověka Bůh učinil, aby byl obrazem Božím."[4] Nikdo zatím úplně nevysvětlil, v jakých směrech je člověk stvořen k Božímu obrazu. Bůh je Duch a člověk ve své základní podstatě také. To je primární význam této biblické pasáže, ale je zde mnoho jiných správných výkladů.

Celé lidské tělo a vědomí a pohyb v něm jsou mikrokosmickým znázorněním Boha. Ve vědomí je vševědoucnost a všudypřítomnost. Můžete si v okamžiku myslet, že stojíte na Polárce nebo na Marsu. V mysli není žádná propast mezi vámi a čímkoli jiným. Skrze moc vědomí v člověku tudíž můžeme říci, že byl stvořen k Božímu obrazu.

---

[4] Genesis 9:6

Vědomí si je samo sebe vědomo, intuitivně samo sebe cítí. Bůh si je skrze Své vesmírné vědomí vědom Sám sebe v každém atomu stvoření.

„Neprodávají se dva vrabci za haléř? A ani jeden z nich nespadne na zem bez (vědomí) vašeho Otce."[5]

Člověk má také vrozenou sílu vesmírného vědomí, ale jen několik lidí ji rozvíjí. Člověk má také vůli, pomocí níž může stejně jako Stvořitel okamžitě tvořit světy, ale zřídka kdy v sobě lidé tuto sílu vyvinou. Zvířata nemohou rozumově uvažovat, ale člověk ano. Všechny atributy, které Bůh má – vědomí, rozum, vůli, cítění, lásku – má člověk také. V těchto aspektech je možné říci, že člověk byl stvořen k Božímu obrazu.

---

[5] Matouš 10:29

Fyzické tělo není hmota, ale energie

Energie, kterou v těle cítíme, naznačuje existenci mohutnější síly než je potřeba k řízení konkrétní fyzické schránky. Síla kosmické energie, jež udržuje vesmíry, vibruje i v našich tělech. Kosmická energie je jedním z aspektů Boha. Tudíž jsme stvořeni k Jeho obrazu i z fyzického hlediska.

Co je to za energii, kterou máme v těle? Naše fyzická podoba je tvořena molekulami, molekuly jsou složeny z atomů, atomy z elektronů, elektrony jsou tvořeny životní silou neboli „životrony" – nesčetnými miliardami částeček energie. Vaším duchovním zrakem můžete vidět tělo jako spoustu třpytivých částeček světla – energie, jež vyzařuje z vašich dvaceti sedmi tisíc miliard buněk. Pouze skrze iluzi vidíte tělo jako pevnou tkáň. Ve skutečnosti není hmotou, ale energií.

Protože si myslíte, že jste stvořeni z masa a kostí, máte někdy pocit, že slábnete. Ale pokud zaznamenáte ve svém těle vědomí Boha, uvědomíte si, že tělo není nic víc než fyzický projev pěti vibračních elementů země, vody, ohně, vzduchu a éteru.

Pět vesmírných elementů tvořících lidské tělo

Celý vesmír, který je tělem Boha, je tvořen těmi samými pěti elementy, z nichž se skládá lidské tělo. Hvězdicovitý tvar lidského těla představuje paprsky těchto pěti elementů. Hlava, dvě ruce a dvě nohy tvoří pět bodů hvězdy. Takže i v tomto směru jsme stvořeni k Božímu obrazu.

Pět prstů také reprezentuje pět vibračních elementů Kosmické Inteligentní Vibrace, která udržuje strukturu stvoření. Palec představuje nejhrubší vibrační element, zemi, proto ta jeho tloušťka. Ukazováček reprezentuje vodní element. Prostředníček reprezentuje šipkovitý element ohně, proto je nejdelší. Prsteníček symbolizuje vzduch. Malíček představuje éter, který je velmi jemný.

Tření každého prstu povzbuzuje konkrétní sílu, již reprezentuje. Proto třením prostředníčku (představuje element ohně) a pupku (naproti centru "ohně" v bederní páteři, které ovládá trávení a vstřebávání) pomůže překonat trávicí potíže.

Bůh ve stvoření projevuje pohyb. Člověku

se vyvinuly nohy a chodidla kvůli této potřebě pohyb vyjádřit. Prsty na nohou jsou materializací pěti paprsků energie.

Oči vystihují Boha Otce, Syna a Ducha Svatého zorničkou, duhovkou a bělmem. Když se soustředíte na bod mezi obočím, proud v obou očích se odráží jako jedno světlo a vy spatříte duchovní oko. Toto světlo, hvězda, je „Božím okem". Nám se vyvinuly dvě oči z důvodu zákona relativity, který v našem dualistickém světě převládá. Ježíš řekl: „Světlem těla je oko. Je-li tvé oko čisté, celé tvé tělo bude naplněno světlem."[6] Pokud se podíváme duchovním zrakem, jediným okem Boha, všimneme si, že všechno stvoření je složeno z jediné substance, Jeho světla.

---

[6] Matouš 6:22

Kdo je s Bohem, je s Boží silou

V základním smyslu má člověk všechnu sílu. Když je vaše vědomí sjednoceno s Božím vědomím, můžete změnit, cokoli chcete. Automobilové součástky mohou být nahrazeny nebo vyměněny podle potřeby, ale způsobit podobnou změnu ve fyzickém těle je složitější. Základním faktorem je mysl, jež kontroluje všechny buňky v těle. Když člověk získá nad myslí úplnou kontrolu, může silou vůle nahrazovat nebo vyměňovat buňky a části svého těla jak často si přeje. Například pouhou myšlenkou by mohl způsobit výměnu tělesných buněk a zajistit novou sadu zubů. Pokud je člověk duchovně vyspělý, má hmotu plně pod kontrolou.

Pán je Duch, Neosobní je neviditelné.

Ale když stvořil fyzický svět, stal se Bohem Otcem. Jakmile na sebe převzal roli Stvořitele, stal se osobním. Stal se viditelným: celý vesmír je tělem Boha.

Ve formě země má Bůh pozitivní a negativní stránku – severní a jižní pól. Hvězdy jsou Jeho oči, tráva a stromy jsou Jeho vlasy, řeky jsou Jeho krevní řečiště. Burácení moře, skřivánčí zpěv, pláč novorozeněte a všechny ostatní zvuky stvoření jsou Jeho hlasem. Toto je zosobněný Bůh. Tlukot srdce za všemi srdci je Jeho pulzující kosmická energie. Chodí ve dvaceti šesti stech miliónech párů lidských nohou. Pracuje skrze všechny ruce. Je to Jedno Božské Vědomí, jež se projevuje skrze všechny mozky.

Působením Božího zákona přitažlivosti a odpudivosti jsou buňky lidského těla harmonicky udržovány stejným způsobem, jako jsou v rovnováze udržovány hvězdy na svých oběžných drahách. Všudypřítomný Pán je neustále aktivní, nikde neexistuje místo bez nějaké formy života. S neomezitelnou rozhazovačností Bůh neustále vytváří proměnlivé formy – nevyčerpatelné projevy Jeho kosmické energie.

Boží Duch měl na mysli specifickou ideu či plán, když tvořil. Nejprve ztvárnil vnější pododobu celého vesmíru, potom stvořil člověka. Když si Bůh formoval pro Sebe fyzické tělo planetárních systémů, projevil tři aspekty: kosmické vědomí, kosmickou energii a kosmickou masu nebo hmotu.

Tato trojice v daném pořadí koresponduje s lidským myšlenkovým neboli kauzálním tělem, astrálním neboli energetickým tělem a fyzickým tělem. A duše neboli Život v nich je Duch.

Duch se makrokosmicky projevuje jako kosmické vědomí, kosmická energie a tělo vesmíru a mikrokosmicky jako lidské vědomí, lidská energie a lidské tělo. Opět vidíme, že člověk byl skutečně stvořen k Božímu obrazu.

Bůh „hovoří" skrze vibrace

Bůh se nám *zjevuje* ve fyzické formě. Je osobnější, než si umíte představit. Je tak opravdový a skutečný, jako jste vy. To bych vám chtěl dnes povědět. Pán nám vždy odpovídá. Vibrace Jeho myšlenek jsou neustále posílány vpřed, což vyžaduje energii a energie se projevuje jako zvuk. Zde je velmi významná pointa. Bůh je vědomí. Bůh je energie. „Řeč" je vibrace. Bůh hovoří neustále ve vibraci Své kosmické energie. Stal se Matkou stvoření, která se zhmotňuje jako pevné látky, kapaliny, oheň, vzduch a éter.

Neviditelná Matka se nepřetržitě vyjadřuje prostřednictvím viditelných forem – v květinách, horách, mořích a hvězdách. Co je hmota? Nic jiného než daná rychlost vibrace Boží kosmické energie. Žádná forma ve vesmíru není opravdu pevná. Ta, co tak vypadá, je jen hutná nebo hrubá vibrace Jeho energie. Pán k nám hovoří skrze vibrace. Ale otázkou je, jak komunikovat přímo s Ním? Hovořit s Bohem je to nejobtížnější umění ze všech.

Když budete mluvit s horou, neodpoví. Oslovte rostliny jako Luther Burbank, a možná v nich ucítíte nepatrnou odezvu. A samozřejmě můžeme mluvit k jiným lidem. Ale můžeme si myslet, že Bůh je netečnější než květiny nebo lidské bytosti, když nás nechává, abychom k Němu hovořili s marnou nadějí na odpověď? Vypadá to tak, že? Problém není s Ním, ale s námi. Náš intuitivní telefonní systém nefunguje. Bůh nám volá a mluví k nám, ale neslyšíme Jej.

Kosmické vibrace „mluví" všemi jazyky

Ale svatí Ho slyší. Kdykoli se jistý mistr, kterého jsem znal, modlil, zdálo se, že se z oblohy nese hlas s Boží odpovědí. Bůh nepotřebuje hrdlo, aby mohl mluvit. Pokud se modlíte dostatečně silně, vibrace modlitby ihned přinesou vibrační odpověď. Projeví

BOŽSKÁ MATKA

Bůh v aspektu Božské Matky je v hinduistickém umění znázorněn jako čtyřruká žena. Jedna ruka, která je pozdvižená, znamená vesmírné požehnání, v ostatních třech rukách drží růženec, představující oddanost, stránky svatého Písma, symbolizující vzdělání a moudrost, a sklenici svaté vody, reprezentující očišťování.

se v jakémkoli jazyce, ve kterém jste zvyklí naslouchat. Pokud se modlíte v němčině, uslyšíte odpověď v němčině. Pokud mluvíte anglicky, uslyšíte odpověď v angličtině.

Vibrace různých jazyků mají původ v kosmických vibracích. Bůh, jenž je kosmickou vibrací, všechny jazyky zná. Co je jazyk? Je to určitá vibrace. Co je vibrace? Je to určitá energie. A co je energie? Je to určitá myšlenka.

Přestože Bůh slyší všechny naše modlitby, ne vždy odpoví. Naše situace je podobná, jako když dítě volá svou matku, ale ta si myslí, že není nutné přijít. Pošle mu hračku, aby ho utišila. Jestli se ale dítě nenechá uchlácholit ničím jiným než její přítomností, přijde. Pokud chcete Boha poznat, musíte být jako zlobivé dítě, které pláče, dokud matka nepřijde.

Pokud se rozhodnete, že po Ní nikdy nepřestanete volat, Božská Matka k vám promluví. Pokud ve svých nářcích nepolevíte, je zavázána k vám mluvit, bez ohledu na to, jak je Svými domácími pracemi stvoření zaneprázdněna. V posvátných spisech hinduismu se praví, že pokud oddaný stoupenec mluví k Bohu po jednu noc a jeden den bez chvilkového přerušení, s intenzivní oddaností, tak mu odpoví. Ale jak málo lidí to udělá. Každý den máte „důležité závazky" – „ďábla", jenž vás drží dál od Boha. Pán nepřijde, pokud vyslovíte jen krátkou modlitbu a hned začnete myslet na něco jiného, nebo když se modlíte stylem: „Nebeský Otče, volám Tě, ale jsem hrozně ospalý. Amen." Svatý Pavel řekl:

"V modlitbách neustávejte."[7]

Trpělivý Jób vedl s Bohem dlouhé

---

[7] 1. list Tesalonickým 5:17

konverzace. Jób Mu řekl: „Rač mě vyslyšet a nech mě mluvit; budu se Tě ptát a poučíš mě. Jen z doslechu o Tobě jsme slýchal, teď však jsem tě spatřil vlastním okem."[8]

Když milenec svou oddanost prohlašuje mechanicky, jeho milovaná ví, že jeho slova nejsou upřímná a „slyší" to, co je v jeho srdci. Podobně, když se oddaní stoupenci Boha modlí, On ví, jestli jsou jejich srdce a mysli prázdné s nedostatkem oddanosti a jestli jsou jejich myšlenky všude divoce rozlítané. Na vlažné volání neodpovídá. Ale zjeví se těm oddaným stoupencům, kteří se s maximální intenzitou ve dne v noci modlí a mluví k Němu. K takovým oddaným stoupencům přijde vždy.

---

[8] Jób 42:4-5

Nespokojte se s ničím jiným než s tím nejvyšším

Neplýtvejte časem hledáním malých věcí. Přirozeně je jednodušší získat ostatní dary od Boha než ten největší dar Jeho samého. Ale nespokojte se s ničím menším než s tím nejvyšším. Nestarám se o dary, které ke mně od Boha přichází, kromě toho, že za nimi vidím Jej, Dárce. Proč se všechny mé touhy zmaterializují? Protože jdu hluboko, jdu přímo k Bohu. V každém aspektu stvoření vidím Jeho. Je naším Otcem, je blíže než nejbližší, dražší než nejdražší, skutečnější než kdokoli jiný. Je nepoznatelný a poznatelný zároveň.

Bůh vás volá. Chce, abyste se k Němu vrátili zpět. Je to vaše vrozené právo. Jednoho dne budete muset tuto zemi opustit, není to vaše trvalé místo. Život na Zemi je pouze škola, do které nás poslal, aby viděl, jak se tady budeme chovat, to je vše. Před tím, než se Sám zjeví, chce Bůh vědět, zda toužíme po pozemské třpytivé slávě nebo zda jsme získali dostatek moudrosti, abychom řekli:

„Už jsem s tím vším skončil, Pane. Chci s Tebou mluvit o samotě. Vím, že jsi to jediné, co doopravdy mám. Ty budeš se mnou, když všichni ostatní odejdou."

Lidské bytosti hledají štěstí v manželství, penězích, ve víně a podobně, ale takoví lidé jsou loutkami osudu. Jakmile jednou toto poznání získáte, naleznete opravdový účel života a přirozeně začnete hledat Boha.

Musíme požádat o naše ztracené božské dědictví. Čím méně je člověk lakomý, čím více se snaží druhým rozdávat štěstí, tím pravděpodobněji bude přemýšlet o Bohu. A čím více přemýšlí o světských cílech a lidských touhách, tím více se od něj štěstí jeho duše vzdálí. Nebyli jsme na zem posláni kvůli tomu, abychom se plazili v blátě smyslů a byli při každé změně sevřeni trápením. To, co je světské, je zlé, protože potlačuje blaženost duše. Největší štěstí pochází z ponoření mysli do myšlenek na Boha.

Proč odkládat štěstí?

Proč nemyslíte dopředu? Proč považujete nepodstatnosti za tak důležité? Většina lidí se soustřeďuje na snídani, oběd a večeři, práci, společenské aktivity, a jiné. Zjednodušte svůj život a zaměřte celou svou mysl na Pána. Země je místem přípravy pro návrat k Bohu.

Chce vidět, jestli Jej milujeme více než Jeho dary. Je Otcem a my všichni jsme Jeho dětmi. Má právo na naši lásku a my máme právo na Jeho lásku. Naše potíže vznikají tím, že Jej zanedbáváme. Ale On vždy čeká.

Jen bych si přál, aby nám všem dal trochu víc rozumu. Máme svobodnou volbu Boha odvrhnout nebo Jej přijmout. A tady žadoníme, žadoníme, žadoníme o trochu peněz, trochu štěstí, trochu lásky. Proč žádat o věci, jež vám budou muset být jednou odebrány? Jak dlouho budete naříkat kvůli penězům, nemocem a potížím? Zmocněte se nesmrtelnosti a Božího království! To je to, co opravdu chcete.

V sázce je království Boží

Svatí zdůrazňují nepřipoutanost, abychom jedním silným materiálním připoutáním neztratili možnost získat celé Boží království. Odříkání si neznamená všeho se vzdát. Znamená to vzdát se malých potěšení pro věčnou blaženost. Bůh k vám mluví, když pro něj pracujete, a vy byste k němu měli mluvit neustále. Řekněte mu jakoukoli myšlenku, jež vám přijde na mysl. A řekněte mu: „Pane, zjev se, zjev se." Ticho nepovažujte za odpověď. Zpočátku vám odpoví tím, že vám daruje něco, co jste si přáli, tím ukáže, že máte Jeho pozornost. Ale dejte Mu najevo, že vám Jeho dary nestačí, že nebudete nikdy spokojeni, dokud nebudete mít Jeho. Nakonec vám odpoví. Ve vizi můžete vidět obličej nějaké svaté bytosti nebo můžete slyšet Božský Hlas, který k vám mluví a vy budete vědět, že komunikujete s Bohem.

Přinutit ho, aby se zjevil, vyžaduje stálou a neutuchající horlivost. Nikdo vás tuto horlivost nemůže naučit. Musíte si ji vyvinout sami. „Můžete přivést koně k vodě, ale nemůžete ho přinutit pít." Jestli je kůň žíznivý, vodu usilovně hledá. Takže pokud máte obrovskou žízeň po Božství, a nebudete přikládat přehnanou důležitost ničemu jinému – testům světa či testům těla – potom přijde. Pamatujte si, že když je volání vašeho srdce intenzivní, když nepřijmete žádnou výmluvu, potom přijde.

Musíte ze své mysli odstranit všechny pochybnosti o tom, jestli Bůh odpoví. Většina lidí nedostane žádnou odpověď kvůli svým pochybám. Pokud jste absolutně přesvědčeni, že něčeho dosáhnete, nic vás nezastaví. Ve chvíli, kdy se vzdáte, vynesete rozsudek sami nad sebou. Úspěšný člověk nezná slovo „nemožné".

Víra je neomezená moc Boha ve vás. Bůh ví skrze Své vědomí, že všechno stvořil, takže víra znamená vědění a přesvědčení, že jsme stvořeni k Božímu obrazu. Když jsme naladěni na Jeho vědomí v nás, můžeme tvořit světy. Pamatujte si, že ve vaší vůli leží všemohoucnost Boha. Když přijde spousta potíží a vy se přesto odmítnete vzdát, když se svou myslí „zaměříte" na své předsevzetí, pak zjistíte, že vám Bůh odpovídá.

Bůh, kosmická vibrace, je Slovo. Bůh jako Slovo prozní vá všemi atomy. Z vesmíru vychází hudba, kterou hluboce meditující oddaní stoupenci mohou slyšet. Nyní, v tuto chvíli, slyším Jeho hlas. Kosmický zvuk,[9] který

---

[9] Óm, vědomá, inteligentní, kosmická vibrace nebo Duch Svatý.

slyšíte v meditaci, je hlas Boha. Tento zvuk se formuje do vám srozumitelného jazyka. Když poslouchám Óm a příležitostně Boha žádám, aby mi něco sdělil, tento zvuk Óm se změní do angličtiny nebo bengálštiny a dává mi přesné instrukce.

Bůh k člověku hovoří také skrze intuici. Když se naučíte,[10] jak naslouchat Kosmické Vibraci, je snadnější Jeho hlas slyšet. Ale i když se k Bohu modlíte jen skrze kosmický éter, když je vaše vůle dostatečně silná, éter vám Jeho hlasem odpoví. Hovoří k vám neustále a říká:

„Volej mě, mluv se mnou z hloubi svého srdce, z nitra své bytosti, z hlubin své duše, vytrvale, majestátně, odhodlaně, s neústupným

---

[10] Skrze určité starověké techniky vyučované v Lekcích *Self-Realization Fellowship*.

rozhodnutím ve svém srdci, že Mě budeš dále hledat, bez ohledu na to, kolikrát ti neodpovím. Když mi budeš ve svém srdci neustále šeptat: ‚Ó můj mlčenlivý Milovaný, promluv ke mně,' přijdu k tobě, Můj oddaný stoupenče."

Pokud jednou tuto odpověď získáte, už se s ním budete cítit navždy spjati. Boží zkušenost ve vás vždy zůstane. Ale to „jednou" je těžké, protože srdce a mysl nejsou přesvědčeny, vnikají do nich pochyby z našeho předchozího materialistického přesvědčení.

Bůh odpovídá na šepot srdcí opravdových oddaných stoupenců

Bůh odpoví každé lidské bytosti, nehledě na postavení, přesvědčení nebo barvu kůže. V bengálštině existuje rčení, že když zavoláte svou duší Bohu jako Vesmírné Matce, nemůže zůstat mlčenlivá. Musí promluvit. Není to krásné?

Přemýšlejte o všech věcech, které mně dnes přišly na mysl a o kterých jsem vám povídal. Když budete ve svých požadavcích stálí a vytrvalí, už byste nikdy neměli pochybovat o tom, jestli vám Bůh odpoví. „A Bůh hovořil k Mojžíši tváří v tvář, tak jako člověk mluví se svým přítelem."[11]

---

[11] Exodus 33:11

O autorovi

„Ideál lásky k Bohu a služba lidstvu našla v životě Paramahansy Jógánandy plné vyjádření ... Ačkoli velká část jeho života byla prožita mimo Indii, stále má své místo mezi našimi velkými svatými. Jeho práce roste a září ještě jasněji a všude přitahuje lidi na cestu putování Ducha."

—Z projevu vlády Indie u příležitosti vydání pamětní poštovní známky na počest Paramahansy Jógánandy při dvacátém pátém výročí jeho úmrtí

Paramahansa Jógánanda se narodil 5. ledna 1893 a zasvětil svůj život pomáhání lidem všech ras a vyznání, aby objevili a plněji ve svých životech vyjádřili krásu, ušlechtilost a opravdové božství lidského ducha.

Po absolvování Kalkatské univerzity roku 1915 Šrí Jógánanda složil slavnostní přísahu mnicha indického starobylého mnišského řádu svámijů. O dva roky později začal svou životní práci zakládáním škol „jak žít" až do počtu jednadvaceti vzdělávacích institucí po celé Indii. Tradiční akademické předměty byly nabízeny spolu s výukou jógy a instrukcemi v duchovních učeních. Roku 1920 byl pozván jako indický delegát na mezinárodní Kongres náboženských liberálů v Bostonu. Jeho projev na kongresu a následné přednášky na východním pobřeží byly přijaty s nadšením a roku 1924 se pustil do přednáškového turné napříč Amerikou.

Během dalších třech desetiletí Paramahansa Jógánanda přispěl dalekosáhlým způsobem k většímu pochopení a ocenění východní duchovní moudrosti na Západě. V Los Angeles roku 1920 založil mezinárodní ústředí organizace Self-Realization Fellowship, nesektářskou náboženskou společnost. Skrze jeho spisy, rozsáhlé turné přednášek a zakládání bezpočtu chrámů a meditačních center organizace Self-Realization Fellowship zasvětil tisíce opravdu hledajících lidí do starověké vědy a filozofie jógy a jejích univerzálně použitelných metod meditace.

Dnes duchovní a humanitární práce započatá Paramahansou Jógánandou pokračuje pod vedením Bratra Čidánandy – prezidenta organizace Self-Realization Fellowship/Yogoda Satsanga Society of India. Společnost kromě vydávání jeho spisů, přednášek a neformálních projevů (včetně ucelených sérií lekcí pro domácí studium) také dohlíží na své chrámy, útočiště a centra po celém světě, na mnišské komunity organizace Self-Realization Fellowship a na celosvětový Modlitební Kruh.

V článku o životě a práci Šrí Jógánandy Dr. Quincy Howe jr., profesor starověkých jazyků na Scrippské univerzitě, napsal: „Paramahansa Jógánanda přinesl na Západ nejen indický věčný slib Boží realizace, ale také praktickou metodu, se kterou mohou všichni duchovní aspiranti ze všech společenských vrstev udělat rychlý pokrok v dosažení tohoto cíle. Duchovní dědictví Indie, původně na Západě oceňované jen na té nejvznešenější a nejabstraktnější úrovni, je nyní přístupné všem, kteří touží poznat Boha ne až na věčnosti, ale tady, v tomto okamžiku… Jógánanda přiblížil všem lidem na dosah ruky nejušlechtilejší metody rozjímání."

Cíle a Ideály
Self-Realization Fellowship

*Stanovil Paramahansa Jógánanda, zakladatel
Bratr Čidánanda, prezident*

Šířit mezi národy znalosti konkrétních vědeckých metod pro dosažení přímé osobní zkušenosti Boha.

Učit, že smyslem života je evoluce lidského, smrtí omezeného vědomí na úroveň božského vědomí prostřednictvím vlastního úsilí, a za tímto účelem zakládat po celém světě chrámy Self-Realization Fellowship pro spojení s Bohem a podporovat zakládání individuálních svatyní Boha v lidských domovech a srdcích.

Odhalovat úplnou harmonii a základní jednotu původního křesťanství, jak je vyučoval

Ježíš, a původní jógy, jak ji učil Bhagaván Krišna, a poukazovat na to, že tyto principy pravdy jsou společným vědeckým základem všech pravých náboženství.

Ukazovat hlavní božskou přímou cestu, v niž nakonec ústí všechny stezky pravdivých náboženských přesvědčení: cestu každodenní, vědecké, oddané meditace o Bohu.

Osvobozovat člověka od jeho trojího utrpení: fyzických nemocí, duševní disharmonie a duchovní nevědomosti.

Podporovat „prosté žití a ušlechtilé myšlení" a šířit ducha bratrství mezi všemi lidmi prostřednictvím učení o věčném základu jejich jednoty – spřízněnosti s Bohem.

Demonstrovat nadřazenost mysli nad tělem a duše nad myslí.

Překonávat zlo dobrem, zármutek radostí,

krutost laskavostí, nevědomost moudrostí.

Sjednocovat vědu a náboženství skrze uvědomění jednoty principů, jež jsou základem obou.

Zasazovat se o kulturní a duchovní porozumění mezi Východem a Západem a o vzájemnou výměnu jejich nejlepších osobitých rysů.

Sloužit lidstvu jako svému většímu Já.

Díla publikovaná v češtině organizací Self-Realization Fellowship

*Dostupná na www.srfbooks.org
nebo v jiných online knihkupectvích*

Autobiografie jogína

Jak můžete mluvit s Bohem

Zákon úspěchu

Knihy v angličtině od Paramahansy Jógánandy

Autobiography of a Yogi

God Talks With Arjuna: The Bhagavad Gita
— A New Translation and Commentary

The Second Coming of Christ:
The Resurrection of the Christ Within You
— A Revelatory Commentary on the Original Teachings of Jesus

The Yoga of the Bhagavad Gita

The Yoga of Jesus

The Collected Talks and Essays

Volume I: Man's Eternal Quest
Volume II: The Divine Romance
Volume III: Journey to Self-realization

**Wine of the Mystic:
The Rubaiyat of Omar Khayyam**
—*A Spiritual Interpretation*

Songs of the Soul

Whispers from Eternity

Scientific Healing Affirmations

In the Sanctuary of the Soul
—*A Guide to Effective Prayer*

The Science of Religion

Metaphysical Meditations

Where There Is Light
—*Insight and Inspiration for Meeting Life's Challenges*

Sayings of Paramahansa Yogananda

Inner Peace
—How to Be Calmly Active and Actively Calm

Living Fearlessly
—Bringing Out Your Inner Soul Strength

The Law of Success

How You Can Talk With God

**Why God Permits Evil
and How to Rise Above It**

To Be Victorious in Life

Cosmic Chants

Audio nahrávky Paramahansy Jógánandy

Beholding the One in All

The Great Light of God

Songs of My Heart

To Make Heaven on Earth

Removing All Sorrow and Suffering

Follow the Path of Christ, Krishna, and the Masters

Awake in the Cosmic Dream

Be a Smile Millionaire

One Life Versus Reincarnation

In the Glory of the Spirit

Self-Realization: The Inner and the Outer Path

Další díla vydaná organizací Self-Realization Fellowship

The Holy Science
— Swami Sri Yukteswar

Only Love:
Living the Spiritual Life in a Changing World
— Sri Daya Mata

Finding the Joy Within You:
Personal Counsel for God-Centered Living
— Sri Daya Mata

Intuition:
Soul Guidance for Life's Decisions
— Sri Daya Mata

God Alone:
The Life and Letters of a Saint
— Sri Gyanamata

"Mejda"
*—The Family and the Early Life of
Paramahansa Yogananda*
— Sananda Lal Ghosh

Self-Realization
(časopis, založený Paramahansou Jógánandou v roce 1925)

DVD Video

Awake: The Life of Yogananda
Film studia CounterPoint Films

Kompletní katalog knih a audio/video nahrávek — včetně vzácných archivních nahrávek Paramahansy Jógánandy — je dostupný na www.srfbooks.org.

Lekce
Self-Realization Fellowship

Vědecké techniky meditací vyučované Paramahansou Jógánandou, včetně *Krija jógy* – stejně jako jeho vedení ve všech aspektech vyrovnaného duchovního žití – jsou prezentovány v *Lekcích Self-Realization Fellowship*. Pro více informací prosím navštivte www.srflessons.org a vyžádejte si bezplatnou brožurku s podrobnými údaji o *Lekcích*.

Self-Realization Fellowship
3880 San Rafael Avenue • Los Angeles, CA 90065-3219
Phone +1(323) 225-2471 • Fax +1(323) 225-5088
www.yogananda.org

www.ingramcontent.com/pod-product-compliance
Lightning Source LLC
Chambersburg PA
CBHW031428040426
42444CB00006B/737